Lucien Lévy-Bruhl

Les Premiers romantiques allemands

Critique

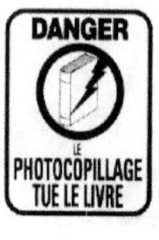
ISBN : 978-1721605651

10 9 8 7 6 5 4 3 2 1

Lucien Lévy-Bruhl

Les Premiers romantiques allemands

Critique

Table de Matières

Introduction

« Les trois grands courants de notre siècle, a écrit Frédéric Schlegel, ont été déterminés par la révolution française, par le *Wilhelm Meister*, de Goethe, et par la *Doctrine de la science* de Fichte. » Le rapprochement est inattendu, et paraît plus bizarre que frappant. C'est ce que voulait l'auteur, et sa formule est donc excellemment romantique, rien n'étant plus « romantique » que d'exprimer une vérité sous forme de boutade. Il faut à la pensée originale le grain de sel qui l'assaisonne, le condiment de l'ironie. Tant pis pour le lecteur qui prend le paradoxe au pied de la lettre : il se met lui-même au rang des philistins, et ce n'est pas pour lui que Fr. Schlegel a écrit. Mais il se trompe encore s'il n'aperçoit pas le sens profond caché sous la boutade. Car le paradoxe enveloppe une vérité sérieuse, et le tour piquant qui lui est donné ne doit pas en faire méconnaître la valeur. Si la révolution française a marqué le début d'une période nouvelle dans la vie politique de l'Europe, le roman de Goethe et le système de Fichte sont les signes d'une révolution non moins importante dans la philosophie et dans l'art. *Wilhelm Meister* et la *Doctrine de la science* ouvrent la période romantique. Une ère nouvelle commence pour la littérature. L'ironie, comme on voit, n'était que dans la forme, et Schlegel soutiendra fort sérieusement ce qu'il avance.

Avec les écrivains romantiques allemands, il faut s'attendre à ces surprises. Rien ne leur a plus manqué que le sens de la mesure dans la pensée et, davantage encore, dans l'expression. Ils se sont fait une idée exagérée, presque comique, de l'importance de leur œuvre, et de la place qu'elle occuperait dans l'histoire du monde. Elle vaut néanmoins qu'on s'y arrête quelque temps. M. Robert Haym, dans une magistrale étude et avec une patience infinie, a écrit l'histoire de l'école romantique. Il en a recherché les origines, il en a suivi pas à pas le développement, avec une richesse d'informations et une sûreté de méthode qui se sont retrouvées et que nous avons admirées dans sa biographie de Herder. Pourtant, depuis vingt ans que M. Haym a achevé son ouvrage, un certain nombre de documents alors inédits ont vu le jour, entre autres les lettres de Frédéric Schlegel à son frère, qui viennent d'être publiées, et qui contiennent, parmi une foule de détails insignifiants, quelques renseignements précieux. Les projets littéraires des deux frères, — et Dieu sait s'ils en ont formé ! — passent presque tous sous nos yeux dans cette volumineuse correspondance. Plus d'un point obscur de leur œuvre et plus d'une énigme de leur caractère y trouve son explication. Nous y chercherons ce que les premiers romantiques ont prétendu introduire de nouveau dans la littérature. La question a un intérêt général, puisque, par ordre de date, le romantisme français a suivi le romantisme allemand, et que Mme de Staël a fort bien connu, compris et caractérisé ce dernier : M. Brunetière montrait encore tout récemment comment Mme de Staël, non moins que Chateaubriand, a préparé et annoncé le mouvement romantique français. Nous examinerons enfin ce que l'école romantique allemande a laissé de définitif : car, entre les intentions et les œuvres, l'écart est demeuré immense. C'est là une « ironie » à laquelle Schlegel n'avait pas songé.

Section I

Il est assez malaisé de dire exactement, en peu de mots, ce que l'école romantique allemande s'était proposé, et nous rencontrons ici une difficulté singulière. Assez souvent l'histoire littéraire hésite et demeure perplexe, parce qu'elle se heurte à la discrétion jalouse d'écrivains qui n'ont livré d'eux-mêmes au public que leur œuvre. Les romantiques allemands nous jettent dans un embarras contraire. Ils ont trop dit à quoi ils visaient. Comme ils ne se piquent guère d'être précis, ni de rester conséquents avec eux-mêmes, comme il ne leur déplaît point de laisser leurs théories dans un clair-obscur où l'ombre l'emporte sur la lumière, nous avons grand' peine à dégager de leurs dires des formules nettes et définitives. S'ils n'avaient pas tant et si diversement répété ce qu'ils entendent par « romantisme, » et que nous eussions simplement à rechercher leur esprit dans leurs ouvrages, la tâche à coup sûr n'en serait que plus simple.

Avant tout, ce sont des novateurs. Ils le savent, ils veulent l'être. La sévérité de leur critique le proclame. Très peu de leurs contemporains trouvent grâce devant eux, et les plus grands ne sont pas épargnés. Les romantiques se flattent d'apporter un idéal esthétique plus complet, plus élevé et plus moderne. Mais il ne faut pas s'y méprendre : ils ne songent pas, comme feront plus tard les romantiques français, à se révolter contre la tyrannie de l'esprit classique. Ce n'est point du tout une levée de boucliers contre l'antiquité, ses admirateurs et ses imitateurs. Personne parmi eux ne crie :

Qui nous délivrera des Grecs et des Romains ?

Au contraire, l'antiquité n'a pas de dévots plus sincères et plus ardents. Presque tous sont des hellénistes et des érudits. Frédéric Schlegel, par exemple, le plus romantique des romantiques, après avoir longtemps cherché sa voie, se croyait né pour l'étude de l'antiquité grecque. À Dresde, il se partage entre le musée et la bibliothèque, et la bibliothèque a la part du lion. Il y travaille avec passion, et bientôt il se trouve en état de discuter avec son frère les questions de philologie et de métrique les plus délicates. Ses premiers ouvrages ne traitent guère que des sujets d'érudition : *des Écoles de la poésie grecque, — de la Valeur artistique de la comédie grecque, — les Caractères de femmes chez les poètes grecs*, etc. Il projetait une grande histoire de la poésie grecque et romaine. « Les Grecs, écrivait-il à son frère, sont le seul peuple qui ait eu du goût. »

Tieck, Wackenroder, Novalis même, sont moins familiers avec l'antiquité ; mais d'autres romantiques renchérissent encore, s'il est possible, sur l'adoration de Frédéric Schlegel devant l'art hellénique. Son frère Auguste-Guillaume compose des poésies lyriques qui veulent être grecques, non-seulement par le rythme, mais par l'inspiration et le choix des sujets. Telles sont, entre autres, les odes intitulées *Arion* et l'*Art des Grecs*, « ce que j'ai encore lu de plus antique en allemand, » dit Frédéric Schlegel, avec une admiration qui peut s'excuser chez un frère. Hölderlin, l'ami et le confident de Hegel, est pour ainsi dire ivre de l'antiquité classique. Il reproche amèrement à ses compatriotes de n'être pas des Hellènes. Il souffre trop de vivre dans un monde barbare, qui ne sait plus comprendre et goûter la beauté pure. Continuellement froissé par les rudes contacts auxquels il ne peut s'habituer, il tombe dans la mélancolie, et meurt jeune. Son roman *Hypérion*,

— dont le héros, naturellement, est un Grec, — témoigne presque à chaque page de cet enthousiasme naïf et exalté, qui ferait sourire si l'on n'en respectait la sincérité. L'excès n'en était pas moins désobligeant pour les écrivains contemporains. Schiller n'est certes pas suspect d'irrévérence, et ses œuvres témoignent assez de son respect religieux pour les anciens. Mais les exagérations idolâtres des romantiques l'impatientent. Attaqué par Frédéric Schlegel dans un article plein d'impertinences, il riposte par des épigrammes : « À peine, dit-il, sommes-nous débarrassés de la fièvre froide de la *gallomanie*, voici que se déclare la fièvre chaude de la *grécomanie*… La Grèce, qu'était-elle donc ? Raison, mesure, clarté. Ainsi, un peu de patience, messieurs, avant de nous parler de la Grèce. »

Les romantiques allemands ne sont donc pas ce que seront bientôt les romantiques français, les derniers venus dans la lutte séculaire des anciens et des modernes, les plus farouches ennemis de l'antiquité classique : jamais elle n'eut, au contraire, d'admirateurs plus indiscrets. Et leur dévotion ne s'arrête pas à un culte platonique. Ils lisent assidûment les anciens, ils en sont nourris jusqu'aux moelles. Platon est leur philosophe, Pindare leur lyrique, Eschyle et Sophocle leurs tragiques, Aristophane, « le modèle de la moralité dans la poésie comique. » Le fait s'explique sans peine, si l'on remonte à l'éducation littéraire que les romantiques avaient reçue. Tous ou presque tous se sont formés à l'école de Lessing et de Winckelmann. Or Lessing n'avait pas seulement donné à la littérature allemande moderne les premiers modèles de sa prose et de son théâtre. Élève d'Ernesti et de Christ, il avait fait aussi œuvre de philologue : ses travaux sur l'antiquité sont d'un érudit sagace et enthousiaste. Même dans la *Dramaturgie*, il en appelle volontiers aux anciens. Il ne manque pas, à l'occasion, de montrer que les auteurs français ont mal entendu la théorie aristotélicienne de la tragédie, et mal interprété les tragiques mêmes qu'ils ont cru imiter : le classique français n'était donc que du faux classique, et les Allemands ont eu grand tort de s'y arrêter, plutôt que de remonter à la source pure de l'hellénisme.

Mais l'influence décisive, — Goethe l'a bien signalée dans ses *Mémoires*, — vint surtout de Winckelmann. Son *Histoire de l'art chez les anciens* avait fourni un aliment à la fois aux goûts d'érudition, aux besoins esthétiques et à l'imagination des Allemands. À l'antiquité modernisée, affublée de pourpoints et coiffée de perruques, Winckelmann en substituait une plus vraiment antique et pourtant rajeunie dans son élégante nudité. L'Allemagne éprouva alors un peu de l'orgueil et du ravissement de l'amateur de tableaux qui retrouve le chef-d'œuvre d'un maître caché sous un vernis malhabile, ou de l'érudit qui, dans un palimpeste regratté, découvre un manuscrit précieux. Se passionner pour des intérêts présents, l'état politique du pays ne le permettait pas. La jeunesse s'éprit alors de l'art et de la beauté antiques. Elle se persuada que l'Allemagne était prédestinée à faire renaître le génie de la Grèce, et qu'il lui était réservé, à elle la première, de le comprendre et de le posséder pleinement. Après tant de siècles, ce dépôt sacré parvenait enfin aux mains des héritiers légitimes, seuls aptes à le recevoir et à en tirer dignement parti. Prétention modeste, dira-t-on, pour une littérature renaissante. Mais, outre que leur ambition ne se bornait pas là, comme nous le verrons tout à l'heure, la tâche leur semblait glorieuse entre toutes, et ils ne craignaient pas que leur originalité pût avoir à souffrir du culte pieux de la beauté grecque. Ils en croyaient l'influence souveraine. Ils en attendaient même la fécondation de leur propre génie, car elle leur apparaissait comme un absolu, comme la « beauté en soi, » selon le mot de Platon, idéal réalisé, soleil du monde de l'art, trop longtemps offusqué de nuages que la critique allemande venait enfin dissiper.

Cette apothéose de la Grèce surprend d'abord, comme une singularité historique, chez les Allemands de la fin du XVIIIe siècle. On comprend sans peine l'enthousiasme des Italiens de la renaissance. Le sens de l'antique sommeillait, pour ainsi dire, en eux, prêt à se réveiller au premier aspect des chefs-d'œuvre exhumés de leur propre sol. Mais comment l'expliquer chez le peuple germanique par excellence, chez un peuple profondément chrétien et qui avait fait la réforme ? Il faut tenir compte, en premier lieu, du désir d'émancipation dont l'Allemagne littéraire était alors possédée. Quelle joie que de dépasser d'un seul bond la littérature française, si admirée et si enviée, en remontant, par-dessus elle, à ses origines antiques ! Et cet esprit français, qui avait trop longtemps dominé dans les lettres allemandes, pouvait-on mieux en ruiner le prestige, encore puissant, qu'en montrant combien, auprès de l'éternelle beauté de l'idéal antique, les œuvres françaises paraissaient artificielles et passagères ? Le zèle pour les chefs-d'œuvre classiques se confondait ainsi avec les rancunes de l'amour-propre national.

D'autre part, indépendamment de toute arrière-pensée, l'imagination allemande trouvait dans cette érudition esthétique de quoi se satisfaire. L'antiquité demeurait lointaine, et par suite un peu mystérieuse. On ne suivait pas encore les anciens, comme nous faisons aujourd'hui, dans les détails intimes et journaliers de leur vie. On ne connaissait bien d'eux que leurs chefs-d'œuvre et leurs exploits ; on les voyait un peu, comme Rousseau, à travers Plutarque, et plus grands que nature. « Leurs vices mêmes sont sublimes, » écrivait Frédéric Schlegel à son frère. Aujourd'hui, leur religion, leurs mœurs, leurs préjugés, n'ont presque plus rien de caché pour nous : nous avons fait le tour de leur esprit. Nous reconstituons sans trop de peine la journée d'un Athénien du temps de Périclès ou d'un habitant de Pompéi à la veille du désastre. Cette familiarité plus grande nuit inévitablement au prestige des anciens, et même l'art grec ne nous apparaît plus comme un absolu. Nous l'admirons toujours autant, mais nous n'y voyons plus l'idéal unique de l'éternelle beauté. Nous en retrouvons les origines, nous en suivons les progrès, nous pouvons en marquer le point de maturité et la décadence. Nous savons enfin que cette admirable floraison de l'art grec était liée à des conditions économiques, morales et sociales très particulières, qui ne se représenteront plus. Mais qui ne se souvient de la belle *Prière sur l'Acropole*, où M. Renan confesse pieusement l'impuissance d'une âme moderne à être purement grecque, parce qu'elle a connu d'autres dieux ? Déjà Hegel avait dit avec profondeur : « Les Grecs ont connu la Grèce ; ils n'ont pas connu l'humanité. »

Quoi qu'il en soit, les romantiques allemands se trouvaient là pleinement d'accord avec leurs compatriotes classiques, avec Goethe et Schiller, avec Herder aussi. Herder, il est vrai, ne mettait rien au-dessus de l'humanité, mais l'idéal esthétique des Grecs lui semblait le plus haut auquel l'humanité pût atteindre. Schiller écrivait *les Artistes, les Dieux de la Grèce* ; Goethe avait composé *Iphigénie*. Aussi bien presque tous les romantiques ont-ils commencé par admirer fort Schiller et Goethe. Les frères Schlegel ne cessent de goûter les vers de Schiller qu'après s'être querellés personnellement avec lui. Quant à Goethe, les romantiques lui témoigneront longtemps encore une déférence qu'ils refusent à Schiller ; ils se réclament de lui et le présentent presque comme leur maître, au moins comme un précurseur, jusqu'à ce qu'il leur paraisse, lui aussi, insuffisant à remplir l'idéal de la poésie romantique. Pourquoi ? Les romantiques eux-mêmes vont nous l'expliquer.

« Le problème de notre poésie, écrivait Frédéric Schlegel à son frère, me paraît être d'unir l'essence de l'antique à celle du moderne. Si j'ajoute que Goethe, ouvrant le premier une période absolument nouvelle dans l'histoire de l'art, a déjà approché de la solution, tu comprendras aisément ce que je veux dire. » L'essence de l'antique, c'est la perfection harmonieuse de la forme ; l'essence du moderne, c'est la liberté infinie et toute-puissante de l'esprit. Avec le christianisme, une conception nouvelle de l'homme et de l'univers est apparue. La vie morale s'est compliquée et enrichie. L'axe de la philosophie s'est déplacé, passant de la nature à la conscience de l'homme. Ce n'est plus l'ordre de l'univers qui se reflète dans l'âme du poète, de l'artiste et du philosophe : c'est dans l'esprit créateur que l'univers prend un sens et même une réalité. Un art nouveau est sorti de là, un art que les anciens n'ont pu connaître, et qui portera désormais le nom de romantique. Comparez les merveilleux restes de l'architecture grecque avec les grandes cathédrales gothiques du moyen âge, comparez les tragédies de Sophocle aux drames de Shakespeare, ou enfin, pour rendre le contraste encore plus frappant, comparez l'inspiration sereine de la sculpture grecque aux aspirations infinies de la musique moderne : ici, l'art le plus immatériel luttant pour exprimer l'inexprimable ; là, l'art plastique par excellence se complaisant à la tranquille majesté des belles formes. Goethe avait indiqué déjà cette idée dans le curieux morceau sur *Hamlet* qu'il a inséré dans son *Wilhelm Meister*. Les anciens demeurent sans rivaux dans la conception et dans l'exécution du beau naturel ; l'âme moderne, moins harmonieuse sans doute, mais plus complexe, veut un art qui rende ses faiblesses et ses grandeurs, ses défaites et ses victoires morales, et surtout son élan vers l'infinie liberté.

Cette définition demeure, comme on voit, assez vague. En fait, les romantiques ont beaucoup varié dans l'interprétation de leurs formules esthétiques. Souvent ils se contentent d'un sens général et fort peu déterminé. Est romantique, à ce compte, tout ce qui est empreint d'un charme poétique particulier, étrange, merveilleux, par opposition à banal, vulgaire, prosaïque. Ainsi, l'on dira d'un site ou d'un paysage qu'il est « romantique. » Mais souvent aussi le sens du mot est plus précis : Frédéric Schlegel le rapporte parfois à son étymologie. Lorsqu'il dit, par exemple, que « les gainées jouent un rôle considérable dans la poésie dramatique et *romantique* des Anglais, » il veut évidemment désigner les romans. Mais pourquoi la littérature moderne, dans son ensemble, devra-t-elle s'appeler romantique ? Parce que, dit Schlegel, le roman est le genre suprême qui contient éminemment tous les autres. C'est en lui que viendra se réaliser l'idéal de la poésie : il sera pour les modernes ce que l'épopée a été pour les anciens. Comme elle, il peut présenter un tableau d'ensemble et fidèle du temps où il a été écrit : « La tendance du roman est d'unir la culture intellectuelle, morale et sociale à la culture esthétique. »

Il y a quelque mérite à avoir pressenti de la sorte la place toujours plus grande que le roman devait tenir dans la littérature de notre temps. Schlegel a bien vu que le roman était le genre littéraire de l'avenir, qui menaçait presque d'absorber les autres. Il a exprimé une idée juste, mais avec exagération, selon son habitude. Il y avait été conduit par l'étude de *Wilhelm Meister*, objet de son admiration enthousiaste, et le plus original, à ses yeux, des ouvrages de Goethe. Considérez le charme poétique de ce roman en prose, la variété des situations et des caractères, les mille sujets divers auxquels l'auteur touche en passant, sans rompre pourtant l'unité générale de l'œuvre, où tout se tient comme en un corps vivant ; faites de ce roman le modèle, le type d'un genre que vous appellerez romantique, et vous aurez la clef des formules sibyllines de Frédéric Schlegel. Il a simplement élevé *Wilhelm Meister* à l'absolu. « L'objet de la poésie romantique, dit-il, n'est pas seulement de réunir tous les genres de poésie qui sont aujourd'hui séparés, et de rétablir le contact entre la poésie, la rhétorique et la philosophie : elle doit aussi tantôt mélanger, tantôt combiner la poésie et la prose, l'invention et la critique, la poésie de l'art et la poésie de la nature, rendre la poésie vivante et la vie poétique, mettre partout l'esprit, le mouvement et l'humour. » Comme définition d'un genre, cela demeure obscur ; comme caractéristique de *Wilhelm Meister*, cela s'entend très bien. Le roman de Goethe est le premier essai d'un genre nouveau, et c'est l'essai d'un maître.

Mais *Wilhelm Meister* ne suffit pas, selon Schlegel, à donner une idée complète du romantisme, il faut y joindre la *Doctrine de la science* de Fichte. Cette œuvre philosophique annonce, elle aussi, les temps nouveaux, et Schlegel y emprunte un élément essentiel de sa définition. « La poésie romantique, dit-il, est infinie, parce que seule elle est libre, et prend pour sa première loi que la liberté du poète ne souffre au-dessus d'elle aucune loi. » C'est pourquoi Shakespeare, par exemple, est romantique, tandis que Voltaire ne l'est pas. Celui-ci compose ses tragédies suivant des règles qu'il croit souveraines : Shakespeare ne connaît d'autres règles que celles dont son imagination et son génie veulent bien s'accommoder, et quand il lui plaît. Cette liberté absolue du poète correspond à l'activité absolue du *moi* dans la philosophie de Fichte, qui trouve dans l'âme même le principe de l'être et de l'action. Étant absolue, la liberté du poète demeure toujours entière. L'artiste est donc, à la fois, dans son œuvre et au-dessus d'elle. Il s'y donne sans s'y livrer. Il y est et il s'y voit. « Pour bien écrire sur un sujet, dit Schlegel avec sa bizarrerie ordinaire, il faut ne plus s'y intéresser. Aussi longtemps que dure la période d'invention et d'enthousiasme, l'artiste se trouve dans un état trop peu libre pour s'exprimer... »

Le signe de cette liberté du poète est l'*ironie*, que les romantiques estiment par-dessus tout et qui revient à chaque ligne dans leurs théories. L'ironie, en effet, est la preuve de la *self possession* de l'artiste, et, en même temps, elle est l'élément philosophique par excellence de la poésie. « La philosophie est la vraie patrie de l'ironie, que je définirais volontiers une beauté logique. » Telle nous la voyons chez Socrate et chez Platon. Point de longues, lourdes et pédantesques démonstrations. C'est en se jouant, avec un sourire, avec une déférence apparente pour la sagesse des sophistes, ou sous l'enveloppe poétique d'un mythe, que ces grands esprits laissent entendre leur doctrine sur la nature des choses. À quoi servent, d'ailleurs, les démonstrations en philosophie ? À rien absolument. C'est un luxe inutile ou une simple étiquette à l'usage des sots. Rien de plus commun que d'excellentes démonstrations employées à soutenir des idées fausses ou banales. « Leibniz affirmait, Wolff démontrait : c'est tout dire. »

Par suite, puisque les romans « sont les dialogues socratiques de notre temps, » l'ironie devait donc être un élément essentiel de l'art romantique. Au reste, de même que la philosophie s'est transformée de Platon à Fichte, l'ironie prend aussi un sens plus moderne, plus subjectif, comme disent les Allemands. Elle n'exprime plus simplement la sérénité souriante et enjouée d'une pensée libre et maîtresse d'elle-même. Elle doit rendre l'éternel contraste du fini et de l'infini, du relatif et de l'absolu, de l'âme et de la nature ; en elle éclate la lutte du moi et du non-moi, de l'ouvrier et de l'œuvre, la dissonance enfin dont notre oreille a désormais besoin dans l'harmonie. Aussi l'ironie se retrouve-t-elle partout dans les chefs-d'œuvre de l'art moderne ; ironie, le mélange extraordinaire et puissant du tragique et du grotesque dans Shakespeare ; ironie, le perpétuel contraste de Don Quichotte et de Sancho Pança, dans l'inimitable épopée qui est le plus romantique des romans.

De l'ironie procèdent naturellement l'esprit, le paradoxe et l'humour : « Là où l'imagination et le jugement se rencontrent, dit Novalis, jaillit l'esprit ; là où la raison et le caprice s'unissent, naît l'humour. » N'entendez pas par esprit la vivacité aimable, les saillies imprévues, la grâce malicieuse, la drôlerie parfois irrésistible d'un Voltaire ou d'un About. L'esprit romantique est bien un peu cela ; il est surtout autre chose. Il a pour fonction d'exprimer, comme l'ironie, la souveraineté absolue du « moi, » qui ne s'absorbe jamais dans le « non-moi » qu'il crée. L'artiste, en donnant à son œuvre une forme inattendue, paradoxale, spirituelle en un mot, montre par là qu'il joue avec son objet, qu'il en est le maître et non l'esclave, ni la dupe : il y imprime enfin le cachet de sa personnalité. À ce prix seulement il est original. L'art antique était, en un sens, plus impersonnel. L'art moderne veut exprimer non-seulement la nature, mais le « moi, » et, plus encore, la souveraineté du « moi » sur la nature. C'est pourquoi l'esprit et l'ironie y tiennent tant de place.

Voilà, certes, une façon cruellement germanique et métaphysique d'expliquer la chose du monde la plus légère et la plus insaisissable. Que sera-ce quand les romantiques voudront passer de la théorie à la pratique ? L'ironie tournera à l'allégorie fatigante, l'esprit à la plaisanterie épaisse, le paradoxe à l'énormité. Heine, qui avait de l'esprit tout naturellement, sans théorie, a été cruel pour l'ironie des romantiques : — « Autrefois, dit-il, lorsque quelqu'un avait lâché une sottise, elle était lâchée. Qu'y faire ? On disait : « Ce monsieur est un sot. » — C'était désagréable. Mais aujourd'hui, qu'une platitude ou une sottise se découvre, l'auteur en est quitte pour dire que c'était de l'ironie : merveilleuse ressource pour quantité de gens ! » — Heine a la dent trop dure, et, à son ordinaire, il emporte le morceau. Que l'ironie des romantiques ait été souvent lourde et plate, il n'est que trop certain : mais leur théorie renfermait pourtant une idée juste. N'est-il pas vrai que l'ironie et l'humour sont des signes caractéristiques des littératures modernes : qu'ils sont demeurés à peu près inconnus des anciens, et qu'ils ne leur auraient guère plu sans doute, et cela, pour la même raison qui leur faisait trouver affreux les rochers et les glaciers que nous admirons tant ? Ils préféraient l'accord parfait à la résolution des dissonances : ils ne concevaient pas le « moi » comme une force infinie en lutte avec la nature. L'infini même leur paraissait monstrueux et détestable, et rien ne leur plaisait sans l'harmonieuse justesse des proportions. N'est-il pas vrai encore que Kant et surtout Fichte ont profondément senti le besoin d'infinité de l'âme moderne, et que Fichte est le vrai théoricien du romantisme ?

L'erreur grave des romantiques a été de s'imaginer qu'en établissant ces vérités, ils ouvraient à l'art une voie nouvelle. La poésie n'est pas affaire de réflexion, ni d'esthétique, mais bien de génie naturel. Les romantiques répètent sous toutes les formes que « la philosophie doit devenir un art et l'art une philosophie, que tous doux sont au fond une seule et même réalité aperçu sous deux aspects différents. » Cela est juste pour le critique ou pour l'historien, qui dans une métaphysique reconnaît un poème et qui, d'un roman, tire une philosophie : ce n'est plus vrai ni pour le philosophe qui analyse ou construit, ni pour le poète qui crée ou compose. Un philosophe qui voudra ne point démontrer et s'en tenir à l'ironie, ne produira que des aphorismes bizarres, d'un goût douteux, à la Schlegel. Un romancier qui prétendra faire tenir Kant et Fichte dans son œuvre n'arrivera qu'à être illisible et ennuyeux. De cette fusion forcée de genres inconciliables proviennent en grande partie les obscurités et les impuissances des romantiques allemands.

Mais autant leurs théories sont nuageuses, autant leurs tendances sont nettes et leurs passions vives. Leurs goûts, leurs aversions et leurs haines forment le meilleur commentaire à leur doctrine et à leurs œuvres. Nous avons vu de quelle ferveur ils adorent l'antiquité. Ils ne sont pas moins enthousiastes du moyen âge et de la Renaissance : ils dénigrent, en revanche, les siècles qui ont suivi, c'est-à-dire les périodes classiques, ou soi-disant telles, des littératures française et anglaise. C'est surtout contre le XVIIIe siècle qu'ils se montrent acharnés. Locke et Voltaire, l'esprit qui définit tout, qui analyse tout, qui croit avoir rendu compte de la vie quand il a disséqué un cadavre, et de la pensée quand il a décrit l'association des idées ; qui ne voit dans la religion que l'œuvre de la fourberie et de l'imposture ; qui ne comprend l'art que comme arme de polémique ou procédé de pédagogie, l'esprit sec, en un mot, prosaïque et raisonneur, incapable de piété et de désintéressement : voilà ce que les romantiques haïssent de toute leur âme, et si fort, que pour définir leur esprit à eux, il suffirait presque de prendre le contre-pied de celui-là. Sur ce point ils sont unanimes, Tieck comme Novalis, Wackenroder comme les frères Schlegel. En 1791, dans une de ses premières lettres, Frédéric Schlegel écrivait déjà à son frère : — « Ton jugement sur Voltaire me plaît fort. C'est un homme que la nature paraît avoir formé exprès pour découvrir partout les fautes ou plutôt les contradictions avec un tact extraordinaire : mais comment accorder avec cela son enthousiasme pour la philosophie de Locke, qui va presque jusqu'au ridicule ? » — Voltaire est un esprit merveilleusement critique : il n'est ni religieux, ni métaphysicien, ni poète. Les romantiques ne le lui pardonnent point, et le mot de M. Émile Faguet : « Voltaire n'est pas artiste, » leur aurait paru une excellente expression de leur pensée.

Il y a, selon eux, une région supérieure où tout le bon sens du monde ne donne pas accès. Jamais l'intelligence ne trahit mieux ses limites que lorsqu'elle les ignore et croit tout expliquer : car au-delà de l'intelligible, et l'enveloppant, le pénétrant de toutes parts, se trouve la réalité vraie, qui est incompréhensible. L'esprit le plus vil et le mieux doué pour la critique, s'il ne sent point cela, est un esprit borné. Quoi de plus pauvre auprès de l'éclatante poésie de la nature, que la lumière grise et froide d'une science trop satisfaite d'elle-même, et insensible au mystère que présente toute réalité, même la mieux connue en apparence ? Voilà ce que les philosophes du XVIIIᵉ siècle n'ont pas senti. Ils ont, dans la mesure de leurs forces, décoloré la nature, desséché l'âme, réduit l'infini à entrer dans les cadres de leur raisonnement : — « Plus un système est borné, dit Novalis, plus il a de chances de plaire aux habiles. Expliquez par là le succès du matérialisme, de Locke, d'Helvétius. C'est ainsi qu'aujourd'hui même Kant compte plus de partisans que Fichte. »

Kant, en effet, aux yeux des romantiques, a manqué d'énergie et de décision. Ce philosophe est resté à moitié chemin. Par un puissant effort il a dépassé son siècle, et, au lieu de s'endormir dans une complaisance indolente pour la philosophie trop facilement satisfaite de ses contemporains, il a soumis l'esprit humain à une critique sévère, et il a su remonter aux conditions suprêmes de la connaissance. Mais sur la voie d'une métaphysique nouvelle, il a hésité, et il s'est arrêté à une distinction, — qui ne pouvait être que provisoire, — entre ce que nous connaissons et l'absolu. Il n'a pas osé aller jusqu'au bout de sa pensée et faire du *moi* le fondement de toute réalité. C'est pourquoi Fichte a dû venir, afin de tirer avec une logique inflexible les conséquences dernières des principes posés par Kant. Fichte n'a pas reculé devant le paradoxe de l'idéalisme absolu. Dialecticien intrépide et orateur chaleureux, joignant à la réflexion du philosophe la fougue d'un apôtre avide d'action, Fichte était le théoricien désigné des romantiques : son caractère, non moins que sa doctrine, s'accorde à merveille avec leurs tendances. Il n'est pas jusqu'à sa roideur dans la polémique qui ne les charme : surtout lorsque Fichte accable leurs ennemis communs, les derniers représentais de la philosophie « populaire » du XVIIIᵉ siècle. Je n'entends pas par là seulement la brochure où Fichte expose impitoyablement à la risée publique la médiocrité et l'étroitesse d'esprit d'un Nicolaï ; je pense surtout à ces leçons sur les *Caractères du temps présent*, que Fichte prononça à Berlin, en 1804 et qui font avec tant de sévérité le procès du siècle finissant. Fichte montre l'incurable faiblesse de ces prétendus esprits forts qui se refusent à rien croire que l'expérience n'ait prouvé, incapables de s'élever au-dessus de l'égoïsme en morale, perdant le sentiment du divin, et presque toujours prêts à devenir les dupes de grossiers charlatans. Les romantiques ne pouvaient qu'applaudir à ce langage. Aussi Frédéric Schlegel appelle-t-il Fichte « le plus grand métaphysicien actuellement vivant, » bien que Kant soit encore dans tout l'éclat de sa gloire. Et signalant à son frère une brochure politique de Fichte : « Ce philosophe, ajoute-t-il, qui sait, quand il le faut, dépasser Spinoza et Kant, peut être aussi un admirable écrivain populaire…. Compare son éloquence entraînante, dans ses leçons sur la *Destination du savant*, avec les exercices de déclamation de Schiller… Fichte est vraiment celui que cherchait Hamlet. Chaque démarche de sa vie semble crier : « Voilà un homme ! »

Lessing n'est pas jugé, à beaucoup près, aussi favorablement. Sans doute les romantiques reconnaissent son mérite littéraire et sa bienfaisante influence. Ne continuent-ils pas eux-mêmes son œuvre, par un certain côté, en détournant de plus en plus l'Allemagne de son admiration pour l'esprit français ? Mais il a le tort, à leurs yeux, d'appartenir à la génération qui les a précédés et dont les tendances leur sont odieuses : il a le tort, tout bon Allemand qu'il soit, de s'être formé à l'école de Bayle, de Voltaire et de Diderot. Nul pressentiment du romantisme n'apparaît encore chez lui ; Werther même l'a indigné : il n'y a vu qu'un très mauvais roman. Et puis il raisonne trop, ou, du moins, il a trop de foi dans la puissance du raisonnement. Novalis a très bien su dire ce que les romantiques reprochaient à Lessing : « Il avait la vue trop nette, et il perdait ainsi le sentiment du tout indistinct, l'intuition magique des choses. » Il s'en tient à la ligne des objets et des idées, à la ligne sèche et rigide : il ne sent pas la fusion insensible des contours fuyant et s'évanouissant sans limites précises. En un mot, le sens du mystère lui manque, c'est-à-dire précisément, selon les romantiques, le sens du réel. Frédéric Schlegel a écrit sur Lessing un de ses meilleurs articles. Les ennemis des romantiques se couvraient sans cesse de ce grand nom. Schlegel veut leur prouver qu'ils n'y ont aucun droit. Il revendique hardiment Lessing pour son propre parti. Il soutient adroitement ce paradoxe en montrant en Lessing l'adversaire implacable de la médiocrité et de la platitude. Il fait ressortir la hardiesse et l'originalité d'esprit de l'auteur de la *Dramaturgie*, son horreur de la banalité, sa passion généreuse pour la vérité méconnue ou oubliée. Schlegel n'est pas loin de se croire lui-même un Lessing, parce que, assez ingénument, il n'admire en Lessing que ce qui est déjà un peu du Schlegel. Mais, au fond, les romantiques auraient eu mauvaise grâce à se donner pour les successeurs de Lessing, et, ils ne l'ignoraient pas, Lessing les eût certainement désavoués. Religiosité vague, sentimentalité précieuse, contemplation émue et mystique de la nature, exaltation du *moi*, rien de tout cela n'était pour le séduire. Amoureux avant tout de clarté et de précision, esprit net, raison ferme, Lessing aurait sans doute, d'une piqûre impitoyable, crevé toutes les bulles des romantiques.

Herder avait plus de droits à leur sympathie, car ils procèdent de lui au moins autant que de Winckelmann et de Goethe. Ils ne l'ont pas trop dit, cependant, soit par une ingratitude assez commune chez les écrivains, qui n'aiment pas toujours rappeler à quelle école ils ont appris, soit qu'ils fussent, en effet, de plus en plus frappés des défauts de Herder vieillissant. Ils lui devaient, pour une bonne part, leur goût de l'exotique, leur intelligence des littératures du moyen âge et de la renaissance, cette souplesse enfin et cette universalité de sympathie qui leur permettait d'entrer dans l'âme de tous les peuples. Mais ils ont vu aussi, comme Mme de Staël, que Herder est surtout un homme d'imagination. Avec un sens historique merveilleux et extrêmement rare en ce temps-là, il manque tout à fait de force logique. Il est incapable de construire une œuvre, et, bien loin d'aller jusqu'à la métaphysique de Fichte, il ne peut même suivre Kant. Il veut le réfuter et montre seulement qu'il ne l'a pas compris. Les romantiques n'ont pas fermé les yeux sur cette faiblesse de leur maître. Ils ne veulent point se contenter, comme lui, de passer en revue les littératures de tous les peuples, courant de l'une à l'autre avec une curiosité toujours en éveil, toujours infatigable, mais un peu trop éparpillée et superficielle. Ils prétendent davantage : ils croient fonder, avec le romantisme, une philosophie nouvelle de l'art, de la vie et de la nature.

Nous retrouvons donc ici l'un de leurs plus gros griefs contre le XVIIIe siècle : la haute fonction de l'art y a été méconnue, même par les meilleurs. Aux yeux des romantiques, l'art est une religion, ou, pour le moins, un culte. Ils se prosternent devant les chefs-d'œuvre, avec adoration, dans une extase à la fois humble et orgueilleuse. Ils y trouvent, disent-ils, sous une forme sensible et touchante, la seule réponse possible aux grands problèmes insolubles pour notre raison. L'art, en ce sens, est tout ensemble une philosophie et une révélation. « Tous ceux qui travaillent à cultiver leur propre nature et à communiquer cette culture aux autres, — n'est-ce pas la plus haute fin que l'homme se puisse assigner dans la vie ? — tous ceux-là, je les appelle artistes. Aussi y a-t-il trois sortes d'artistes. Les uns poursuivent le vrai, les autres le beau, les derniers le bien. Chez les Grecs, l'enseignement du vrai et du bien ne faisait qu'un. La philosophie des sages n'était pas moins dans leur vie que dans leur doctrine. Les uns s'y prenaient en causant, comme Socrate ; d'autres en écrivant, comme Platon. » Frédéric Schlegel ne perd jamais de vue ses chers anciens. Tieck et Wackenroder, moins barbouillés de grec, empruntent leur idéal au moyen âge et à la Renaissance ; mais leur sentiment est le même. Ils se représentent avec ravissement la vie de ces artistes ignorés qui n'ont point désiré la gloire ; qui, sans connaître les luttes de la raison et les souffrances du doute, traduisaient ingénument leur foi dans leurs œuvres, et dont la vie pieuse et innocente se donnait tout entière à un art où leur âme s'exprimait librement. Ils envient cette pureté et cette simplicité de cœur : les moins naïfs des hommes, ils sont épris de naïveté. Plus le XVIIIᵉ siècle semblait avoir perdu le sens du divin dans l'art, plus les romantiques insistent sur la parenté de l'art et du divin. C'est pourquoi aussi ils exaltent Raphaël, trop prévenus pour apercevoir ce qu'il y a de païen dans son œuvre. N'est-il pas piquant de voir les romantiques trouver chez Raphaël la sincérité de l'inspiration religieuse qu'une génération plus raffinée lui refusera et cherchera chez les préraphaélites ?

Mais l'art qu'ils placent au-dessus de tous les autres, l'art romantique par excellence, est la musique. Ils diraient volontiers, comme fera plus tard Schopenhauer, que la musique est, à elle seule, toute une métaphysique. Elle a, pour les romantiques, le mérite de tout dire, et le mérite non moins grand de ne rien expliquer. Expliquer, c'est disséquer ; on ne dissèque que sur le mort. L'idéal de l'art est la symphonie ; l'idéal de la pensée serait une « symphilosophie » (ce mot barbare est de Frédéric Schlegel) où s'uniraient la religion, l'art et la métaphysique. Mettre le cœur au-dessus de l'entendement, comme les mystiques ; sentir le réel au lieu de l'analyser, substituer à une explication toujours incomplète, et partant, fausse, l'intuition « magique » du tout, telle serait la devise des romantiques. C'est, à proprement parler, une réaction. Après une période de raisonnement et de discussion, le sentiment et l'imagination reprennent leurs droits. Le XVIIIe siècle avait âprement combattu les traditions, qu'il appelait préjugés, et la foi, qu'il nommait superstition. Les romantiques ne comprennent plus combien cette lutte a été nécessaire. Ils protestent, au nom du sentiment artistique et religieux : le mystère, l'inconnaissable, le divin, leur paraissent avoir des droits qui sont méconnus et violés. Cette génération nouvelle subit l'attrait d'un idéal nouveau ; les doctrines qui ont triomphé se sont épuisées dans leur victoire même. Au fond, c'est le rationalisme protestant qui l'avait emporté dans la littérature allemande du XVIIIe siècle : il ne satisfaisait point toute l'âme, ou du moins toutes les âmes, et le romantisme a été comme l'explosion d'un mécontentement. Par là s'explique sa prédilection pour le christianisme d'avant la Réforme, pour le culte de la Vierge Marie et pour les touchantes cérémonies de l'église du moyen âge ; par là s'explique aussi le penchant qui entraîna plus d'un romantique vers le catholicisme. On sait que Frédéric Schlegel finit par s'y convertir, et qu'il ne fut pas le seul.

Section II

Les romantiques ont formé, au moins pour quelque temps, un bataillon serré contre leurs ennemis communs, sous le commandement de Frédéric Schlegel. Ils avaient une revue, l'*Athenaum*, dont il fut, avec son frère, le créateur et l'inspirateur, et où il prit vigoureusement l'offensive. Mais l'union dura peu. Chacun suivit bientôt la voie où l'engageaient ses dispositions naturelles, — romantique toujours, mais indépendant. Leurs œuvres ont-elles répondu au programme commun, et qu'ont-ils laissé de durable ?

Louis Tieck, qui a survécu à la plupart des autres romantiques, et qui rendit à plusieurs le pieux devoir de publier leurs œuvres posthumes, avait eu le mérite de leur montrer le chemin. C'est un romantique de la première heure. Avant que Frédéric Schlegel eût fait connaître sa théorie du romantisme, Tieck avait donné ses premiers ouvrages, *William Lovell, Études sur Shakspeare, Peter Leberecht* ; il avait développé, sous forme de drame libre, les contes de *Barbe-Bleue* et du *Chat Botté*, se plaisant à une confusion des genres qui n'est pas sans grâce, mais qui fatigue vite, mêlant la poésie à la prose, l'ironie au lyrisme, et se donnant pour règle de n'avoir point de règle. Aussi, lorsque Tieck et Frédéric Schlegel s'étaient rencontrés à Berlin, en 1795, s'étaient-ils joints aussitôt. Chacun se reconnut dans les aversions et dans les goûts de son nouvel ami, et les théories de l'un s'appliquaient exactement aux œuvres de l'autre. Mon que Tieck eût conçu le dessein d'unir, comme le demandait Frédéric Schlegel, « l'ironie de Platon au lyrisme de Goethe et à la métaphysique de Fichte. » Sans érudition philologique, sans prétention philosophique, Tieck exprimait simplement le premier les besoins nouveaux de la jeune génération qui allait prendre sa place au soleil. Excédée de la philosophie du bon sens, de la sagesse prudente et utilitaire qui dominait parmi ses aînés, elle voulait du pittoresque, du merveilleux, du fantastique. Elle allait donc demander aux légendes du moyen âge, aux contes de fées, à la poésie populaire et naïve, les joies d'imagination qu'un siècle trop raisonneur avait dédaignées. Tieck était romantique en ce sens, spontanément, par tempérament et non par théorie. Il a le mérite du naturel. Il s'est trouvé, sans effort, porté à une forme littéraire romantique : il n'a eu besoin ni de Schlegel ni de Fichte pour la lui révéler. Je n'en veux d'autre preuve que son goût très vif pour Shakespeare et pour Cervantes, bien avant que les théoriciens de l'école en eussent fait les dieux de la littérature moderne.

Je ne rangerais pourtant pas Tieck parmi les plus originaux des romantiques. Par ordre de date, il est le premier ; mais il n'est ni le plus vigoureux de nature, ni le plus ferme en ses convictions. Tour à tour, on le voit obéir aux influences les plus diverses. La plasticité un peu molle de son talent lui permet (comme il arrive aux femmes) de rester à peu près lui-même dans différents genres, tout en laissant voir quel esprit domine le sien pour le moment. Tantôt il se laisse embaucher par la *Bibliothèque allemande universelle* ; il y travaille assez longtemps, sans s'apercevoir qu'on y aime ce qu'il hait, qu'on y hait ce qu'il aime, et que c'est le dernier endroit où un homme comme lui eût dû se fourvoyer. Tantôt il est séduit par le charme pénétrant de Wackenroder, son ami et son camarade d'enfance : il l'encourage à vaincre sa timidité, il le décide à écrire, et il collabore avec lui de si bon cœur qu'il est difficile de distinguer, dans les *Fantaisies sur l'art*, les morceaux qui sont de l'un ou de l'autre auteur. Bientôt les Schlegel l'attireront à eux, puis ce sera Novalis, et, dans ses dernières œuvres, il reviendra à Goethe.

Cette docilité trop mobile n'est pas, assurément, le signe d'une originalité vigoureuse. Avec un accent de sincérité précieux et une couleur romantique assez naturelle, avec beaucoup d'imagination, Tieck ne conçoit pas fortement et ne compose guère. Il ne sait pas se borner : il n'en a même pas l'idée. La liberté de l'artiste ne veut-elle pas qu'il ne s'impose aucune règle ? Aussi est-il démesurément long, et il l'est sans scrupule. Ce défaut lui est commun avec la plupart de ses contemporains et même des écrivains allemands en général, et là se trouve, pour le dire en passant, une des raisons de leur peu de succès au théâtre. Nulle part, en effet, les qualités dites de composition ne sont plus nécessaires que dans le genre dramatique. Une pièce, — tragique ou comique, peu importe, — doit absolument former un ensemble complet et défini, exposer vite les situations, dessiner en quelques traits les caractères et courir au dénouement, le tout en un espace de temps terriblement restreint. C'est pourquoi l'histoire du théâtre est une longue suite d'hommes habiles, coupée çà et là par un homme de génie. Or ce genre d'habileté ne se rencontre guère chez les écrivains allemands. Ils répugnent, en général, à serrer la composition, je ne dis même pas d'un drame, mais d'un roman. Ils ont été bien longtemps à l'école des Français, mais ils n'y ont pas appris à « faire court, » comme dit Pascal, et, de vrai, ils n'en ressentent pas le besoin. Les genres qui leur conviennent le mieux sont ceux qui n'assignent point aux œuvres de limites précises : l'histoire, la philosophie, la poésie lyrique, la critique. De là aussi tant de a fragments » dans la littérature allemande, et jusque dans l'œuvre du plus grand de leurs écrivains, de Goethe même.

La prolixité de Tieck n'est donc pas exceptionnelle ; mais elle n'en fatigue pas moins. Son style, chargé d'épithètes, verse insensiblement dans la poésie, et il entremêle volontiers la prose de vers, mais l'heureux effet du mélange se trouve compromis par la trop grande analogie des deux éléments : le contraste, trop atténué, n'agit plus. Nulle part ce défaut n'est plus sensible que dans le roman de *Sternbald*. Cette œuvre inachevée, que Tieck écrivit en collaboration avec Wackenroder, et qu'il fit suivre d'une seconde partie après la mort de son ami, enchanta les romantiques. « Le livre est divin, s'écrie Frédéric Schlegel, et c'est bien peu dire que de l'appeler le meilleur que Tieck ait jamais donné. C'est le premier roman qui soit romantique depuis Cervantes, et je le mets fort au-dessus de *Wilhelm Meister*. » L'œuvre de Goethe a pourtant servi de modèle à Wackenroder et à Tieck ; mais ils l'ont interprétée et imitée dans le sens de leurs secrètes sympathies. *Wilhelm Meister* demeurait, en somme, assez réaliste. C'est une certaine teinte générale du style, c'est surtout l'introduction de personnages tels que Mignon et le vieux joueur de harpe qui donnaient, une tonalité romantique à une histoire bourgeoise dans son fond. Wackenroder et Tieck restreignent infiniment plus la part de l'observation et du réel. Ils veulent être plus romantiques ; ils sont aussi moins vrais et moins intéressants. *Sternbald* conte l'histoire anecdotique d'un peintre allemand du XVIᵉ siècle que ses voyages conduisent en Italie ; — remarquez l'époque et le héros que les auteurs ont choisis : quoi de plus romantique ? Tout, en ce récit, demeure fondu dans une brume indistincte. Les caractères sont vagues et flottants ; les physionomies, indécises, se dessinent à peine ; les événements même n'ont point de vraisemblance. Mais n'est-ce pas en cela même qu'a consisté le romantisme : préférer Hamann à Lessing, Fichte à Kant, *Sternbald* à *Wilhelm Meister*, — et bientôt *Henri de Ofterdingen* à *Sternbald* ?

Plus encore que Tieck, Wackenroder eût été incapable de concevoir et de construire fortement une œuvre : mais le sentiment romantique est chez lui très pénétrant, et le peu qu'il a écrit (il mourut extrêmement jeune) touche par un accent de sincérité profonde. Lisez seulement le morceau sur Albert Durer, qui ouvre les *Fantaisies sur l'art*. C'est la protestation la plus naïve d'une âme avide de foi et d'émotions douces contre le rationalisme abstrait et tranchant du XVIIIᵉ siècle. À la sagesse présomptueuse et froide du philosophe qui ne connaît même pas son ignorance, Wackenroder oppose l'humilité croyante de l'artiste chrétien, qui trouve dans sa foi et dans son art (les deux ne font vraiment qu'un) la tranquillité de l'esprit et la paix de l'âme. « Il y a, dit

Wackenroder, et il y aura éternellement un abîme infranchissable entre les analyses de l'esprit et les émotions du cœur. » Or l'esprit n'arrive jamais à se satisfaire, et plus notre science avance, plus elle s'éloigne du réel, plus nous sentons que le fond que des choses nous est inaccessible. L'art au contraire nous apaise. Son charme mystérieux nous arrache pour ainsi dire à nous-mêmes et nous transporte dans la région supérieure des idées éternelles. Il est donc une représentation symbolique et pourtant fidèle de l'absolu. C'est pourquoi le sentiment profond de la beauté artistique est une sorte de piété. Nous nous sentons, devant un chef-d'œuvre, en présence du divin : l'extase est une adoration. La musique surtout nous révèle l'infini. Wackenroder termine une étude, assez vague d'ailleurs, sur l'origine de la musique, en l'appelant « le pays de la foi. » L'expression est frappante dans son étrangeté. Elle rend avec bonheur la confusion que les romantiques établissent exprès entre les sentiments esthétiques et religieux. Tieck écrivait au même moment, sous l'influence de Wackenroder : « Comprendre, savoir, — ce dont les hommes se savent tant de gré, — c'est à mon sens superflu... je me retire dans la tranquille région de la foi, je veux dire, dans le domaine de l'art. »

Chez Novalis, nous retrouvons aussi cet enthousiasme, cette ferveur religieuse pour les chefs-d'œuvre de l'art, mais avec des idées plus nettes et un talent plus robuste. Novalis a été véritablement la fleur de l'école romantique. Il a le don le plus précieux, qui manque à presque tous : il a le charme, il sait plaire. Sa langue est souple et harmonieuse, non sans éclat ; ses vers, d'une facture solide, et d'une inspiration parfois délicate. Nous trouvons dans ses romans, non plus une prose poétique, mais la prose d'un poète, ce qui est fort différent. Il y a, dans ses pièces lyriques, dans les *Apprentis de Saïs*, dans *Henri de Ofterdingen*, tel morceau que l'on peut dire achevé, et qui donne encore aujourd'hui l'impression rare d'un art spi ritualisé, raffiné et exquis. Le romantisme chez Novalis est plus conscient et plus étudié que chez Tieck et Wackenroder : aussi Novalis est-il salué par Frédéric Schlegel, dès ses premières œuvres, comme le poète romantique par excellence. Lui-même subit, par contre-coup, l'influence des frères Schlegel, mais moins docilement que Tieck. Sa première admiration était allée à Schiller, dont il fut l'élève à l'université d'Iéna. Puis la philosophie brillante et audacieuse de Fichte le séduit : il passe bientôt aux sciences naturelles, qu'il étudie avec la méthode la plus romantique du monde, et enfin, heureusement, il revient aux lettres et compose *Henri de Ofterdingen*. Ce roman est à *Sternbald* ce que *Sternbald* était à *Wilhelm Meister*. C'est, dit fort bien M. Haym, du romantisme à la seconde puissance. Tout y est étrange, fantastique et mystique. Les événements sont incompréhensibles, les personnages à peine humains. Nous sommes tout près de l'allégorie pure. Le monde où le poète se meut est de sa création : il est bien, selon la formule romantique, l'œuvre de sa liberté souveraine et absolue. Malheureusement, nous avons grand'peine à nous y mouvoir avec lui.

Les intentions de Novalis sont assez claires, si son roman ne l'est pas. Lui-même nous les a expliquées en critiquant *Wilhelm Meister*. Il ne reconnaît à l'ouvrage de Goethe qu'un grand mérite de style, sous lequel se dissimulent la pauvreté et la sécheresse du fond. « Goethe, dit-il, est un poète trop pratique... Ses œuvres me font penser aux articles de fabrication anglaise : c'est parfaitement simple, solide, confortable, cela fait de l'usage. Il a, comme les Anglais, un goût naturellement économe, et il s'en est fait un noble par la réflexion... *Wilhelm Meister* est une œuvre prosaïque. L'élément romantique en est absent, et avec lui la poésie de la nature et le merveilleux. Il n'y est question que de choses ordinaires et banales... Athéisme artistique, voilà l'esprit de cet ouvrage. Quelle économie merveilleuse n'a-t-il pas fallu à Goethe pour atteindre à un effet poétique avec une matière prosaïque et vile ! » Et résumant ses griefs en un dernier reproche, le plus cruel de tous, Novalis conclut : « *Wilhelm Meister* est vraiment un *Candide*, dirigé contre la poésie. » Que de chemin parcouru en quelques années ! Naguère, les romantiques ne trouvaient pas assez d'éloges pour célébrer dignement l'œuvre de Goethe : ce n'était rien moins qu'un pas décisif dans une voie nouvelle, le coup d'éclat d'une révolution dans l'art. Maintenant, ce n'est plus que le tour de force d'une habileté peu estimable, une contrefaçon du romantisme, une sorte de crime artistique. Pourquoi ce brusque revirement ? C'est que les romantiques ne veulent plus aujourd'hui que du merveilleux et du surnaturel. La peinture du réel est une forme d'art basse et méprisable. Novalis écrit le mot décisif : « L'art doit être une magie. »

Dans *Henri de Ofterdingen*, Novalis a essayé de joindre l'exemple au précepte. La tentative n'a pas été heureuse. Ce roman trop romantique n'est pas seulement ennuyeux, mais incompréhensible, et hormis de courts épisodes, illisible. C'est le réel qui prend sa revanche. Novalis a été victime d'une théorie. Il répète avec Schlegel le principe romantique : « La distinction de la poésie et de la philosophie n'est qu'apparente et à leur commun préjudice… La philosophie est la théorie de la poésie : elle nous enseigne ce qu'est la poésie, qu'elle est l'un et le tout. » Novalis se laisse duper par les mots. Sans doute, la réalité appartient au poète, aussi bien qu'au philosophe : c'est là une idée juste et féconde, et qu'il est bon de ne pas laisser oublier. Mais comment l'interpréter ? Faut-il croire que l'imagination du poète peut créer arbitrairement, en vertu de sa liberté souveraine, un univers poétique ? Peut-elle, par la puissance de sa magie, évoquer un monde nouveau, et cependant véritable ? Le métaphysicien arrive à tout tirer du *moi*, parce qu'il a pu tout y mettre : il n'y faut qu'un effort ou peut-être un artifice logique. L'artiste doit se garder de cette témérité, sous peine d'échouer misérablement. Il doit revenir toujours à la nature, l'aimer, l'étudier, la comprendre, pénétrer l'âme des choses, se retrouver en elles, et non vouloir les tirer de soi. Au fond, ce que Novalis blâme chez Goethe, c'est l'objectivité de son art. Goethe eût accepté le reproche, et s'en serait sans doute fait honneur. Les plus profonds idéalistes n'ont-ils pas été toujours des réalistes, et souvent les plus dignes de ce nom ? Cela n'est-il pas vrai des maîtres préférés des romantiques, d'Albert Durer, de Shakespeare, de Cervantes ? Et lorsque Novalis, pour mieux affirmer la souveraine indépendance de l'imagination du poète, en vient à dire que le genre suprême de la littérature est le conte fantastique, sa théorie ne s'est-elle pas condamnée elle-même ?

Les frères Schlegel occupent une place à part dans l'école romantique. Fils d'un obscur homme de lettres hanovrien, neveux d'Elias Schlegel, un des écrivains qui ont annoncé la renaissance de la littérature allemande au XVIIIᵉ siècle, et qui eût pu devenir, s'il eût vécu, un utile auxiliaire de Lessing, Guillaume-Auguste et Frédéric ont même vocation et mêmes goûts littéraires. Pendant de longues années ils ont pu collaborer, de près ou de loin, sans difficultés sérieuses : il a fallu, pour les brouiller, des jalousies et des rivalités de femmes, et surtout l'influence de Caroline Schlegel sur Guillaume son mari, de cette Caroline que Schiller appelait « dame Lucifer. » Tous deux sont des travailleurs acharnés, dévorant les livres et capables de remplir presque à eux seuls une revue. Ils aiment l'érudition. Formés à l'école de Lessing, de Winckelmann, de Herder, ils savent de l'antiquité ce que l'on en peut savoir de leur temps, et ils possèdent aussi les langues et les littératures modernes : anglais, français, italien, espagnol, portugais, provençal, vieil allemand, tout leur est bon et ils lisent tout. Cela même ne leur suffit point : arrivés à l'âge d'homme, ils se mettent à apprendre le zend et le sanscrit. Frédéric s'y essaie le premier. Son frère le suit et le dépasse dans ces études extrêmement pénibles, qui exigent une mémoire et une application extraordinaires : car elles étaient alors dans l'enfance, et l'on ne disposait point des secours qui les rendent aujourd'hui plus accessibles. Tous deux enfin sont grands faiseurs d'articles et de comptes-rendus. Ils ont le goût de la critique : ils aiment à juger et à classer leurs contemporains, et à dégager les principes au nom desquels ils approuvent ou ils blâment. Par suite, ils s'efforcent d'organiser la littérature allemande ; et le romantisme eût bien existé sans eux, mais non pas l'école romantique.

Chacun des deux frères, toutefois, garde sa physionomie propre. L'aîné, Guillaume-Auguste, excelle dans la traduction. Intelligence ouverte et bien pondérée, écrivain correct et fécond, il débute par un travail sur la *Divine comédie* où, le premier en Allemagne, il entre dans le sens de l'œuvre du grand Florentin. Bientôt il traduit Shakespeare avec tant de bonheur qu'il le naturalise, pour ainsi dire, sur la scène allemande. Il n'est pas moins heureux avec Calderon, avec Cervantes, avec Camoens. Herder a trouvé là un successeur digne de lui. Il n'y a guère que les Français, — et surtout Molière, — à qui Guillaume Schlegel n'ait rien compris. Il est permis de penser qu'il n'y a pas mis beaucoup de bonne volonté. Il a cru sans doute continuer l'œuvre de Lessing, en rabaissant le grand comique français, comme l'auteur de la *Dramaturgie* avait fait les tragiques : mais il s'y est pris lourdement, et personne n'a voulu croire, même en Allemagne, que Molière fût sans génie et jouît d'une réputation usurpée. Les attaques maladroites de Schlegel n'ont nui qu'à lui-même. Goethe n'a pas caché son peu d'estime pour cette critique étroite et partiale. Elle n'a plus aujourd'hui que la valeur d'un symptôme significatif, qui nous révèle les dispositions de la critique romantique à l'égard des écrivains classiques français. Évidemment Schlegel croyait nécessaire de porter un dernier coup à leur influence, fort ébranlée déjà, mais encore puissante. Lorsque les romantiques exaltent Shakespeare, Calderon, Cervantes, le Dante, Boccace, Camoens, c'est beaucoup sans doute pour leur mérite poétique, c'est aussi un peu parce qu'ils ne sont pas Français. On les en aime davantage, je dirais presque qu'on leur en sait gré. L'admiration qu'on leur prodigue est sincère ; elle est en même temps une sorte de revanche contre la domination exclusive que l'esprit français avait exercée en Allemagne. Il y eut là comme un mot d'ordre tacitement accepté et observé avec une discipline tout allemande. Dans le volumineux recueil des lettres de Frédéric Schlegel a son frère, à peine si les noms de Voltaire et de Rousseau apparaissent à de lointains intervalles : des autres écrivains français, des maîtres du grand siècle, jamais un mot. Bientôt Arndt exprimera sans réserve la pensée de derrière la tête des romantiques. Il fera le panégyrique du XVIe siècle, le siècle de la renaissance et de la réforme ; et contre les deux siècles suivants il prononcera un réquisitoire : pourquoi ? Parce que pendant ces deux siècles l'esprit de la France a tyrannisé l'Europe politique et littéraire.

Une originalité un peu effacée est la rançon nécessaire d'un grand talent de traducteur. On pourrait sans grande injustice renvoyer à Guillaume Schlegel le mot que son frère appliquait assez durement à Humboldt : « C'est un écho. » Guillaume a composé un grand nombre de poésies lyriques que son frère a l'air d'admirer fort : je soupçonne que l'affection tempère ici la sévérité habituelle de ses jugements. De fait, Guillaume Schlegel ne compte pas parmi les bons lyriques allemands. Il a été successivement à l'école de Bürger, de Schiller et de Goethe. Ses vers ne sont ni bons ni mauvais : ils sont pires, c'est-à-dire médiocres. C'est de la versification honnête, de la poésie neutre, sans grands défauts et sans qualités. Les travaux critiques de Guillaume Schlegel valent mieux, et l'on en voit aisément la raison. Le savoir, la réflexion, la méthode, l'imagination réceptive, y trouvent plus naturellement leur emploi.

Frédéric Schlegel est plus difficile à définir que son frère. Il n'en a pas la tranquillité sûre de soi, la persévérance méthodique et patiente, qui a rendu Guillaume capable de mener à bien les travaux de longue haleine, tels que la traduction de Shakespeare ou des livres sacrés de l'Inde. Frédéric est plus nerveux, plus agité. Il se plongera avec passion dans un travail nouveau ; mais dès qu'il y a vu ou pressenti ce qui l'en intéresse, son ardeur est épuisée. Le courage lui manque pour aller jusqu'au bout. Il s'arrête au fragment, dans l'impuissance d'aller jusqu'à l'œuvre. Jamais peut-être écrivain n'a conçu autant de projets, presque aussitôt abandonnés que formés : son imagination est dans un état d'ébullition perpétuelle. Il en est de ses œuvres comme de ses amitiés : commencées avec transport, elles languissent bientôt. L'enthousiasme se refroidit, la désillusion survient, et Frédéric Schlegel de se plaindre, quand il ne devrait accuser que lui-même. Il a souffert toute sa vie de ce défaut d'équilibre, qui tient autant à son caractère qu'à sa nature d'esprit : il est mobile, facilement agressif, tantôt au-dessus, tantôt au-dessous du ton convenable. Par là il reste inférieur à son frère aîné, et il le sait. Souvent il lui demande des conseils, plus souvent encore il lui emprunte de l'argent. Car, fort peu prévoyant, sans grands besoins il est vrai, mais incapable de résister à un caprice, Frédéric ne sortait point des dettes, et jusqu'à son dernier jour les soucis d'argent le poursuivirent. Il en souffrit vers la fin de sa vie, surtout lorsque son frère se montra tout à coup un créancier dur et exigeant. Nous avons deux ou trois lettres extrêmement sèches de Guillaume Schlegel, qui ne tout pas grand honneur à sa mémoire.

Malgré tout, Frédéric Schlegel l'emporte sur son frère aîné. Avec moins de méthode et de persévérance, il a plus de vivacité et d'originalité. Guillaume Schlegel ne s'élève pas au-dessus d'une médiocrité très honorable : il a toutes les qualités d'un excellent élève. Frédéric est lui-même. C'est lui qui a le mieux compris le sens et la portée du mouvement romantique : c'est lui qui a su reconnaître et grouper, sans hésiter, les écrivains contemporains qui devaient combattre avec lui pour la bonne cause du romantisme : Tieck, Bernhardi, Wackenroder, Schleiermacher, Novalis, Fichte, Schelling. Il est le plus hardi, le plus batailleur de tous ; il est aussi le plus philosophe. Il a bien vu l'affinité naturelle de l'idéalisme de Fichte et de l'esthétique du romantisme : il a rêvé une littérature « absolue, » analogue à cette philosophie absolue dont le caractère paradoxal et tranchant était un attrait de plus à ses yeux.

Par malheur, il a voulu réaliser lui-même l'idéal rêvé. Il a écrit un roman, et quel roman ! Sa *Lucinde* est extraordinaire. Non pas tant par l'immoralité laborieuse des descriptions. Nous en avons vu bien d'autres, et les romanciers du XVIIIe siècle ne se montraient pas non plus des plus réservés dans leurs peintures. Les hardiesses de Schlegel ne seraient donc pas particulièrement choquantes, si l'on ne voyait qu'elles sont osées exprès, à froid, sans le moindre entraînement. Mais le mauvais goût, la maladresse, la composition ou plutôt le manque de composition sont vraiment inconcevables. *Lucinde* est un phénomène littéraire qui ne pouvait apparaître qu'en Allemagne, dans l'œuvre d'un homme fort érudit, plein de philosophie et bourré d'esthétique. En étudiant les *Fragments* de Frédéric Schlegel, et sa théorie de la poésie romantique, on se convainc qu'il a suivi avec une exacte ponctualité les indications qu'il avait données lui-même : tout est prémédité dan& Lucinde, le libertinage, la confusion, le décousu, les paradoxes, l'ironie. Mais comment Schlegel ne s'est-il pas aperçu que cette quintessence de romantisme ne serait pas goûtée du public ? Peut-on s'empêcher de sourire quand on lit, dans une lettre de l'auteur à son frère, qu'il imite dans *Lucinde* la prose de Platon et celle de Cervantes, « car, ajoute-t-il, ce sont les deux seules que je tienne pour romantiques. Celle de *Wilhelm Meister* l'est déjà moins. » Que Schlegel ait senti l'atticisme exquis de Platon, qu'il ait compris l'incomparable humour de Cervantes, rien n'est plus certain : mais qu'il ait cru rappeler la prose ailée de ces maîtres, d'ailleurs si dissemblables, dans le style lourd, gauchement emphatique et froidement passionné de *Lucinde*, cela passe l'imagination. Pour ne pas croire que Schlegel s'est moqué de lui-même ou de nous, il faut prendre des termes de comparaison, et considérer des cas analogues. Allez à Munich, et regardez les monuments de « l'Athènes du Nord, » la *Loggia* par exemple, qui semble une énorme caricature du gracieux modèle de Florence. La même question se posera. Comment des hommes qui ont l'amour sincère de l'antiquité et le sentiment délicat du beau, qui comptent parmi eux des Winckelmann, des Mommsen et des Gregorovius, produisent-ils, quand ils veulent imiter ce qu'ils étudient si bien, des monuments affligeants et grotesques, qui donnent envie de rire ou plutôt de pleurer, et dont la vue quotidienne devrait être un supplice ? Comment accorder ce mauvais goût des œuvres, cette maladresse plastique, avec la profondeur de l'intelligence et la souplesse de l'imagination ? C'est un mystère qu'expliquent bien peu les mots de race, d'hérédité, d'aptitudes naturelles. Peut-être faut-il admettre simplement, comme un fait, que les différentes formes de l'art ont, de même que les plantes, leur sol et leur ciel qu'elles affectionnent, et loin duquel elles végètent et s'étiolent, faute de pouvoir s'acclimater ?

Toujours est-il que Frédéric Schlegel croyait bien écrire le roman par excellence, le roman qui remplirait l'idéal romantique ; et, ce qui est plus surprenant encore, Schleiermacher l'a cru comme lui. Le jeune et brillant théologien n'hésita pas, dans ses *Lettres confidentielles*, à faire une subtile apologie de *Lucinde*. Les autres amis de l'auteur, un peu déconcertés (on l'eût été à moins), mettent plus de réserves à leurs éloges. Même Guillaume Schlegel est froid. Il s'en tient aux compliments qu'exige la stricte politesse et n'encourage pas son frère à donner à *Lucinde* une seconde partie. Mais les adversaires des romantiques ne se sentaient pas obligés à tant de discrétion. Frédéric Schlegel ne les avait guère épargnés, et ils n'ont garde de laisser perdre une si belle occasion de revanche. « C'est du Schlegel tout pur, » écrivait Schiller à Goethe, et il fait malignement ressortir la difformité de cet avorton littéraire. « On dirait une salade de morceaux découpés au hasard dans le *Voldemar* de Jacobi, dans *Stembald* et dans un roman français licencieux. » L'impuissance de l'auteur ne se trahit pas seulement par une imitation maladroite. Schlegel, comme il arrive d'ordinaire à ceux qui croient suppléer par la réflexion à l'imagination créatrice, tombe dans la confession et l'autobiographie. On reconnut bien vite, dans les personnages mal dessinés de *Lucinde*, Schlegel lui-même, Dorothée Veit, Schleiermacher, et le roman n'en parut que plus choquant.

Mais il serait peu équitable de ne juger Frédéric Schlegel que sur *Lucinde*. Son esthétique et sa critique, fort heureusement, ne ressemblent point à son roman. Dans ses grands articles, et surtout dans les pensées détachées (qui parurent dans le *Lyceum* et dans l'*Athenæum*), on ne saurait méconnaître un esprit vigoureux, original, plein d'idées, parfois heureusement exprimées. Il excelle dans ce qu'il appelle lui-même la *caractéristique*, c'est-à-dire à fixer d'un dessin rapide une physionomie littéraire, à en faire ressortir les traits dominateurs, à signaler le fort et le faible d'un esprit. S'il est obscur souvent, ce n'est pas faute de pouvoir aller au bout de sa propre pensée ; ce n'est pas par indécision ou faiblesse. C'est plutôt par dédain pour une clarté qui est le seul mérite de tant d'écrivains à qui il ne veut absolument pas ressembler. Rien ne lui déplairait tant que d'être clair comme on l'est à la *Bibliothèque allemande universelle*, à la façon de Nicolaï et de ses collaborateurs, que la parfaite nullité de leur pensée n'oblige à aucun effort d'expression : c'est la transparence absolue du vide. Puis Schlegel a un faible pour l'humour, pour le paradoxe, pour l'ironie. Il préférera toujours, pour rendre sa pensée, la forme la plus bizarre, non pas tant afin de piquer la curiosité, et par une sorte de coquetterie littéraire, que par principe, et pour être plus « romantique. « Il manque son bût en le dépassant, et ses paradoxes ne sont souvent que des lieux-communs retournés. Il ne s'aperçoit pas que son horreur pour la platitude et la banalité le conduit à l'affectation et au pédantisme. Voilà le défaut qui dépare ses meilleures qualités, et, puisque les romantiques prenaient tant de plaisir aux vieux contes, on pourrait dire qu'à la naissance de Frédéric Schlegel les bonnes fées lui apportèrent en foule leur présents, qui l'originalité, qui le don des langues, qui l'esprit critique, qui l'amour du beau ; mais que la méchante fée, qu'on n'invite jamais, survint tout à coup et ajouta : « Et tous ces dons seront gâtés par la pédanterie. » Frédéric Schlegel est pédant naturellement ; s'il pouvait, il le serait exprès. Il n'est pas jusqu'au besoin de ne rien penser ni rien dire comme un autre qui ne provienne de ce vilain défaut, comme La Bruyère l'a si finement indiqué dans son portrait de Cydias-Fontenelle.

Si graves cependant qu'aient été leurs défauts, ces premiers écrivains de l'école romantique allemande marquent une date et méritent une place dans l'histoire de la littérature de leur pays, on peut même dire dans l'histoire de la littérature européenne. Non pas par leurs œuvres : Novalis excepté, et à moins de compter Heine parmi les romantiques, — encore appartient-il aux derniers moments de l'école, — ils n'ont presque rien laissé qui soit assuré de vivre. Jamais révolution littéraire n'a prétendu s'accomplir avec si peu d'œuvres originales et tant de comptes-rendus et d'articles.

C'est là leur côté faible, et eux-mêmes l'ont bien senti. Pour justifier aux yeux du public leur attitude intransigeante et leur polémique hautaine et agressive contre tous ceux qui n'acceptaient pas leurs formules, il leur aurait fallu montrer quelque chose de plus que *la Divine Comédie, Don Quichotte* ou *la Tempête*. On attendait d'eux un chef-d'œuvre qui répondît à leurs prétentions et imposât silence à leurs contradicteurs : le chef-d'œuvre ne vint pas. Aussi, lorsqu'ils critiquaient aigrement Schiller, lorsqu'ils préféraient au *Wilhelm Meister* de Goethe le *Sternbald* de Tieck ou le *Henri de Ofterdingen* de Novalis, Goethe et Schiller pouvaient laisser dire. Le public leur demeurait fidèle, et Schlegel lui-même les vengeait amplement en publiant *Lucinde*.

Mais ils ont été, d'autre part, de grands remueurs et de grands semeurs d'idées. Leur goût pour la philosophie de Kant et de Fichte a fait d'eux d'assez pitoyables artistes, mais, en revanche, des critiques originaux et féconds. Sous une forme parfois obscure et pédantesque, ils exprimaient une idée juste et nécessaire : ils replaçaient la littérature dans l'art, et ils rétablissaient la communauté d'origine de l'art, de la science et de la religion. Ils ont compris que la critique doit être une esthétique, et que l'esthétique est elle-même une philosophie, puisque les grandes questions qui intéressent l'humanité y sont toujours implicitement résolues. Une œuvre d'art enferme une conception, une interprétation, et, en un certain sens, une création de l'univers : elle est donc, à sa manière, une métaphysique. Théorie puissante, d'où pouvaient sortir également, comme l'événement l'a prouvé, un art romantique idéaliste et un art romantique réaliste. Tout le monde connaît l'étroite solidarité qui joint l'art grec à la philosophie de Platon et d'Aristote : Schlegel et ses amis ont eu le mérite de sentir et d'expliquer le lien qui unit pareillement l'art du moyen âge et l'art moderne au développement de la pensée humaine depuis le christianisme. Sans doute leurs explications ne sont pas toujours définitives. Ni leur philosophie, ni leur histoire ne sont exemptes d'erreurs. Ils ont trop de mépris pour Locke et trop d'enthousiasme pour Fichte ; ils prennent Raphaël pour un fra Angelico et ils croient que l'art gothique est un art allemand. D'autres y regarderont de plus près et avec plus de soin : il faut reconnaître que les premiers romantiques ont montré la voie et donné l'impulsion.

Peu à peu leur influence rayonne : elle se propage de proche en proche, et de l'art elle gagne la philosophie et les sciences. Nous avons vu tout ce que les romantiques doivent à Fichte. À son tour, Schelling est un philosophe romantique, et Hegel, bien qu'il se sépare assez vite de Schelling, conserve cependant la marque évidente de ses relations avec les romantiques. Il reste jusqu'à la fin un adorateur de la beauté classique, et il conçoit la philosophie comme une fusion, « une synthèse, dit-il, de l'esprit antique et de l'esprit moderne. » Mais l'influence romantique se manifeste surtout dans les sciences par le renouvellement des méthodes : dans les sciences de la nature avec les élèves de Schelling, dans les sciences juridiques avec Savigny, dans l'érudition avec les frères Grimm, qui avouaient avoir été conduits par Tieck à l'étude des antiquités allemandes, dans la théologie avec Schleiermacher, dans les sciences historiques enfin, qui se transforment à mesure que s'éveillent le sens du pittoresque, le goût de la couleur locale et des restitutions. Cette extension même nous avertit alors qu'il ne faut pas exagérer l'importance du romantisme allemand. Gardons-nous de le regarder comme une cause essentielle, alors qu'il est plutôt un effet, une partie d'un vaste mouvement, dont les origines sont plus hautes et plus lointaines. Dans ce mouvement, les romantiques allemands représentent surtout la réaction contre l'esprit et les méthodes du XVIIIe siècle. Mais cette réaction a triomphé avec de plus grands qu'eux, comme elle avait commencé, au XVIIIe siècle même, avec le plus grand de tous, avec Rousseau, en qui l'on doit reconnaître, aussi bien en Allemagne qu'en France, l'ancêtre commun de tous les romantiques.

ISBN : 978-1721605651